Todos los derechos reservados 2024
Publicado por TAMOH ART PUBLISHING

I0774428

CÓMO REZAR EN EL ISLAM

PARA MUSULMANES ADULTOS

1/ La oración en el Islam:

2/ La ablución según el Islam :

Este libro pertenece a:

....

....

« Bismi llāhi, rahmāni, rahime »
En el nombre de Alá, el Clemente, el Misericordioso.

En primer lugar :

Si quieres rezar, debes mantenerte limpio y puro. Y para que lo estés, debes realizar la ablución.
"La oración sin ablución no es válida".

El programa de las cinco oraciones diarias en el Islam:

Prières	Rakaahs	Rakaahs et récitation du Coran	Horaires des prières
AL-FAJR	2	Dos Rakaahs con recitación en voz alta + Tachahhoud + Oración Ibrahimya + Salam Alayekoume	Desde el amanecer hasta el amanecer.
ADDOUHER	4	Dos Rakaahs con recitación silenciosa + Tachahhoud + Dos Rakaahs con recitación silenciosa + Tachahhoud + Oración Ibrahimya + Salam Alayekoume	Comienza cuando el sol se pone y termina cuando la sombra de cada objeto es igual a su tamaño..
AL-AASER	4	Dos Rakaahs con recitación silenciosa + Tachahhoud + Dos Rakaahs con recitación silenciosa + Tachahhoud + Oración Ibrahimya + Salam Alayekoume	Desde el final del tiempo de ADDUHER hasta antes de la puesta del sol.
ALMAGHEB	3	Dos Rakaahs con recitación en voz alta + Tachahhoud + Una Rakaah con recitación en silencio + Tachahhoud + La Oración Ibrahimya + Salam Alayekoume	Desde la puesta de sol hasta la desaparición del crepúsculo.
AL-AICHAA	4	Dos Rakaahs con recitación en voz alta + Tachahhoud + Dos Rakaahs con recitación en silencio + Tachahhoud + Oración Ibrahimya + Salam Alayekoume	Desde la desaparición del crepúsculo hasta medianoche, o justo antes del amanecer.

N.B. Las mujeres y niñas musulmanas deben recitar los versículos y suras durante sus oraciones en silencio.

1ER CAÍTULO:

ORACIÓN EN EL ISLAM

ILUSTRACIÓN COMPLETA DE LA ORACIÓN EN EL ISLAM

De la página 3 a la página 48

He aquí la presentación completa de la oración del Salat AL-AASER

Primero, ponte de pie y mira hacia la Qibla, la Meca.

Empieza siempre con "bismillah": "en el nombre de Alá".

Debes necesariamente tener la intención de rezar, y luego decir:

الله أكبر الله أكبر

«Allāhou akbar , allāhou akbar. »

Alá es grande, Alá es grande

أشهد أن لا إلاه إلا الله

« Achehadou anna lā ilāha illa lāh »

Doy testimonio de que sólo hay un dios, y es Alá.

وأشهد أن محمدا عبده و رسوله

« Wa achehadou anna mohammadane a-abdouhou wa rassoulouhou »

Y doy testimonio de que Muhammad es Su siervo y profeta.

حي على الصلاة حي على الفلاح

« Hayya a-ala ssalāti, hayya a-alā lfalāhi »

Ven a rezar, ven al éxito

قد قامت الصلاة،»

« Qade qāmati ssalātou,»

Se ha establecido la oración,

الله أكبر الله أكبر

« Allāhou akbar, allāhou akbar »

Alá es grande, Alá es grande

لا إلاه إلا الله

«Lā ilāha illa lāh»

no hay más dios que Alá.

الله أكبر

« Allāhou akbar »

Alá es grande

(Haz como en la siguiente imagen)

<u>Luego recita la Sura Al-Fatiha en silencio:</u>

بِسْمِ اللَّهِ الرَّحْمَٰنِ الرَّحِيمِ

« Bismi llāhi, rrahmāni, rrahime »

En el nombre de Alá, el Clemente, el Misericordioso.

الْحَمْدُ لِلَّهِ رَبِّ الْعَالَمِينَ

« Alhamdou lilāhi rabbi al-alamine »

Todas las alabanzas y gracias son debidas a Alá, Señor del Universo;

الرَّحْمَٰنِ الرَّحِيمِ

« Arrahmāni rrahime »

El Clemente, el Misericordioso

مَالِكِ يَوْمِ الدِّينِ

« Māliki yawemi ddine »

El Único Maestro "y único juez soberano" del Día del Juicio Final

إِيَّاكَ نَعْبُدُ وَإِيَّاكَ نَسْتَعِينُ

« Iyyaaka na-aaboudo wa iyyaaka nasta-aaiine »

Sólo a Ti adoramos y sólo de Ti buscamos ayuda.

اهْدِنَا الصِّرَاطَ الْمُسْتَقِيمَ

« Ihdina ssirāta almoustaqime »

Guíanos por el buen camino

صِرَاطَ الَّذِينَ أَنْعَمْتَ عَلَيْهِمْ غَيْرِ الْمَغْضُوبِ عَلَيْهِمْ وَلَا الضَّالِّينَ..امين

« Sirāta lladina ane-ameta alayehime, ghayri almaghdoubi alayehime, wala ddaline ». « Amiiiiine »

El camino de aquellos a quienes Tú has colmado de Tus gracias, no el camino de aquellos que han incurrido. Amiiiiine.

<u>**Después de terminar la sura ALFATIHA,**</u>
<u>**recitar en silencio cualquier versículo o sura del Corán :**</u>

<u>**Por ejemplo, Sura AL IKHLAS:**</u>

بِسْمِ ٱللَّهِ ٱلرَّحْمَٰنِ ٱلرَّحِيمِ

« Bismi llāhi, rrahmāni, rrahime »
En el nombre de Alá, el Clemente, el Misericordioso.

قُلْ هُوَ اللَّهُ أَحَدٌ

« Qoul houa llāhou ahade »
Di: Él es Alá, el Único.

اللَّهُ الصَّمَدُ

« Allāhou samade »
Allah, el único a quien implorar por lo que deseamos.

لَمْ يَلِدْ وَلَمْ يُولَدْ

« Lame yalide walame youlade »
Nunca engendró, ni fue engendrado.

وَلَمْ يَكُنْ لَهُ كُفُوًا أَحَدٌ

« Walame yakoune lahou koufou-ane ahade »
Y nadie es igual a Él".

الله أكبر

« Allāhou akbar »

Alá es Grande

<u>## Hazlo como se muestra en la siguiente imagen:</u>

<u>## Luego diga tres (3) veces:</u>

سبحان ربي العظيم
''Soubhāna rabiyya al-addime »
Gloria a mi Señor

<u>**Entonces levántate y di:**</u>

سمع الله لمن حمده
"Sami-a Allāhou limane hamidah"
"Alá escucha a los que le alaban
****

<u>**Entonces di:**</u>

ربنا و لك الحمد
« Rabbanā walaka lhamde »
Alabado sea nuestro Alá

2/ Cuando te postres, di 3 veces:

سبحان ربي الأعلى
"Soubhāna rabiyya al-alā"
Gloria a mi Dios

<u>**1/ Levanta la cabeza y di:**</u>

الله أكبر
"Allāhou akbar"
Alá es Grande

<u>**2/ Permanezca de rodillas como se muestra en la imagen de abajo y rece su oración "Doua" de la siguiente manera:**</u>

اللهم إغفر لي و إرحمني
« Allāhouma ighfir li warhamni »
Dios mío, perdóname y ten piedad de mí

<u>**1/ Luego se inclina lentamente para postrarse y dice:**</u>

الله أكبر
"Allāhou akbar"
Alá es Grande

<u>**2/ Una vez más, al postrarte, di 3 veces:**</u>

سبحان ربي الأعلى
"Soubhāna rabiyya al-alā"
Gloria a mi Dios

La 2ª « Rakaah »

He aquí una ilustración del segundo "RAKAAH".

Así que enderézate, con la cara hacia la Qibla, la Meca.

Entonces di:

الله أكبر

« Allāhou akbar »

Alá es grande

Haga como se muestra en la siguiente imagen

<u>**Luego recita de nuevo la Sura Al-Fatiha en silencio:**</u>

بِسْمِ ٱللَّهِ ٱلرَّحْمَٰنِ ٱلرَّحِيمِ

« Bismi llāhi, rahmani, rahime »

En el nombre de Alá, el Clemente, el Misericordioso.

الْحَمْدُ لِلَّهِ رَبِّ الْعَالَمِينَ

« Alhamdou lilāhi rabbi al-alamine »

Todas las alabanzas y gracias son debidas a Alá, Señor del Universo;

الرَّحْمَٰنِ الرَّحِيمِ

« Arrahmāni rahime »

El Clemente, el Misericordioso

مَالِكِ يَوْمِ الدِّينِ

« Māliki yawemi ddine »

El Único Maestro "y único juez soberano" del Día del Juicio Final

إِيَّاكَ نَعْبُدُ وَإِيَّاكَ نَسْتَعِينُ

« Iyyāka na-aboudo wa iyyāka nasta-aine »

Sólo a Ti adoramos y sólo de Ti buscamos ayuda.

اهْدِنَا الصِّرَاطَ الْمُسْتَقِيمَ

« Ihdina sirāta almoustaqime »

Guíanos por el buen camino

صِرَاطَ الَّذِينَ أَنْعَمْتَ عَلَيْهِمْ غَيْرِ الْمَغْضُوبِ عَلَيْهِمْ وَلَا الضَّالِّينَ. امين.

« Sirāta lladina ane-ameta alayehime, ghayri almaghdoubi alayehime, wala daline ». « Amiiiiine »

El camino de aquellos a quienes Tú has colmado de Tus gracias, no el camino de aquellos que han incurrido. Amiiiiine.

بِسْمِ ٱللَّهِ ٱلرَّحْمَٰنِ ٱلرَّحِيمِ

« Bismi llāhi, rahmāni, rahime »

En el nombre de Alá, el Clemente, el Misericordioso.

إِذَا جَاءَ نَصْرُ اللَّهِ وَالْفَتْحُ

« Idā jā-a nasrou llāhi wa lfatehou »

Cuando llega la ayuda de Alá y la victoria,

وَرَأَيْتَ النَّاسَ يَدْخُلُونَ فِي دِينِ اللَّهِ أَفْوَاجًا

« Wa ra-ayeta nāsa yadkhoulouna fi dini
 llāhi afwājane »

Y ves a la gente acudiendo en masa a la religión de Alá,

فَسَبِّحْ بِحَمْدِ رَبِّكَ وَاسْتَغْفِرْهُ إِنَّهُ كَانَ تَوَّابًا

« Fasabbih bihamdi rabbika wa staghfirhou innahou kāna tawābane »

**Luego, con alabanzas, celebra la gloria de tu Señor e implora Su
perdón. Porque Él es el más receptivo al arrepentimiento.**

Entonces di:

الله أكبر

« Allāhou akbar »
Alá es Grande

الله أكبر

« Allāhou akbar»
Alá es grande

<u>**Hazlo como se muestra en la siguiente imagen:**</u>

<u>**Luego diga tres (3) veces:**</u>

سبحان ربي العظيم
''Soubhāna rabiyya al-addime » :
Gloria a mi Señor

<u>**Entonces levántate y di:**</u>

سمع الله لمن حمده

"Sami-a Allāhou limane hamidah"

"Alá escucha a los que le alaban

****

<u>**Entonces di:**</u>

ربنا و لك الحمد

« Rabbanā walaka lhamde »

Alabado sea nuestro Alá

1/ Y antes de inclinarte para postrarte, di:

2/ Cuando te postres, di 3 veces:

سبحان ربي الأعلى

”Soubhāna rabiyya al-alā “

Gloria a mi Dios

1/ Levanta la cabeza y di:

الله أكبر

"Allāhou akbar"
Alá es Grande

2/ A continuación, reza tu oración "Doua" de la siguiente manera:

اللهم إني أسألك برحمتك التي وسعت كل شي أن تغفر لي

« Allāhouma inni as-alouka bi rahmatika llati
Wasi-ate koulla chaye-ine ane taghfira lii »

Oh Señor mío, te pido con tu misericordia, que todo lo ha ensanchado que me perdones.

<u>**1/ Luego se inclina lentamente para postrarse y dice:**</u>

الله أكبر
"Allāhou akbar"
Alá es Grande

<u>**2/ Una vez más, al postrarte, di 3 veces:**</u>

سبحان ربي العلى
"Soubhāna rabiyya al-alā "
Gloria a mi Señor

<u>**1/ Luego levanta la cabeza y di:**</u>

الله أكبر
"Allāhou akbar"
Alá es Grande

2/ Luego siéntate sobre las rodillas y recita el "tashahhoud", moviendo el dedo con la mano derecha.

Recita "Tashahhoud" como se describe en la página siguiente:

EL TASHAHHOUD:

التحيات لله والصلوات والطيبات
« Attahiyātou lillāh wa salawāttou wa tayyibāte »
Saludos, oraciones y buenas acciones a Allah.

، السلام عليك أيها النبي ورحمة الله وبركاته
« Assalāmou a-alayka ayyouha nabiyyou wa rahmatou llāhi wa barakātouh »
La paz sea contigo, oh Profeta, y la gracia y la bendición de Alá;

السلام علينا وعلى عباد الله الصالحين
« Assalāmou a-alaynā wa alā aibādi llāi sālihine »
la paz sea con nosotros y con los virtuosos siervos de Alá.

أشهد أن لا إله إلا الله
« Achehadou anna lā ilāha illa llāh,
Atestiguo que no hay más dios que Alá,

وأشهد أن محمدا عبده ورسوله
Wa achehadou anna Mohammadane aabdouhou wa rassoulouh»
Atestiguo que Muhammad es su Siervo y Mensajero.

Ahora realizarás la otra mitad de la oración. Debes realizar dos "RAKAAHS" más.

EL 3ER RAKAAH

He aquí una ilustración de la 3ª Rakaah.

Así que empieza la 3ª Rakaaah diciendo:

الله أكبر
« Allāhou akbar »
Alá es grande

Eche un vistazo a la siguiente imagen:

<u>Luego recita la Sura Al-Fatiha en silencio:</u>

بِسْمِ ٱللَّهِ ٱلرَّحْمَٰنِ ٱلرَّحِيمِ

« Bismi llāhi, rahmaani, rahime »

En el nombre de Alá, el Clemente, el Misericordioso.

الْحَمْدُ لِلَّهِ رَبِّ الْعَالَمِينَ

« Alhamdou lilāhi rabbi al-ālamine »

Todas las alabanzas y gracias son debidas a Alá, Señor del Universo;

الرَّحْمَٰنِ الرَّحِيمِ

« Arahmāni rahime »

El Clemente, el Misericordioso

مَالِكِ يَوْمِ الدِّينِ

« Māliki yawemi dine »

**El Único Maestro "y único juez soberano" del
Día del Juicio Final**

إِيَّاكَ نَعْبُدُ وَإِيَّاكَ نَسْتَعِينُ

« Iyyāka na-aboudo wa iyyāaka nasta-aine »

Sólo a Ti adoramos y sólo de Ti buscamos ayuda.

اهْدِنَا الصِّرَاطَ الْمُسْتَقِيمَ

« Ihdina sirāta almoustaqiime »

Guíanos por el buen camino

صِرَاطَ الَّذِينَ أَنْعَمْتَ عَلَيْهِمْ غَيْرِ الْمَغْضُوبِ عَلَيْهِمْ وَلَا الضَّالِّينَ »..امين

« Sirāta lladina ane-ameta a-alayehime, ghayri almaghdoubi a-alayehime,
wala daāline ». « Amiiiiine »

**El camino de aquellos a quienes Tú has colmado de Tus gracias, no el camino
de aquellos que han incurrido. Amiiiiine.**

Entonces di:

الله أكبر
« Allāhou akbar »
Alá es Grande

Hágalo como se muestra en la siguiente imagen:

Luego diga tres (3) veces:

سبحان ربي العظيم
”Soubhāna rabiyya al-addime
Gloria a mi Señor

<u>## Entonces levántate y di:</u>

سمع الله لمن حمده
"Sami-a allāhou limane hamidah"
"Alá escucha a los que le alaban

****

<u>## Entonces di:</u>

ربنا و لك الحمد
« Rabbanā walak alhamde »
Alabado sea nuestro Alá

<u>1/ Y antes de inclinarte para postrarte, di:</u>

الله أكبر

"Allāhou akbar"

Alá es Grande

<u>2/ Cuando te postres, di 3 veces:</u>

سبحان ربي الأعلى

"soubhāna rabiyya al-alā "

Gloria a mi Señor

<u>**1/ Levanta la cabeza y di:**</u>

الله أكبر
"Allāhou akbar"
Alá es Grande

<u>**2/ A continuación, reza tu oración "Doua"**</u>
<u>**de la siguiente manera:**</u>

اللهم إغفر لي و إرحمني
« Allāhouma ighfir li warhamni »
Señor mío, perdóname y ten piedad de mí

1/ Luego se inclina lentamente para postrarse y dice:

الله أكبر
"Allāhou akbar"
Alá es Grande

2/ Una vez más, al postrarte, di 3 veces:

سبحان ربي الأعلى
"Soubhāna rabiyya al-alā "
Gloria a mi Señor

4ª EDICIÓN DE "RAKAAH

He aquí una ilustración del cuarto "RAKAAH".

Ponte de pie con la cara hacia la Qibla, la Meca.

Entonces di:

الله أكبر

« Allāhou akbar »

Alá es grande

(Hazlo como se muestra en la imagen de abajo)

بِسْمِ اللَّهِ الرَّحْمَٰنِ الرَّحِيمِ

« Bismi llāhi, rahmāni, rahime »

En el nombre de Alá, el Clemente, el Misericordioso.

الْحَمْدُ لِلَّهِ رَبِّ الْعَالَمِينَ

« Alhamdou lilāhi rabbi al-alamine »

Todas las alabanzas y gracias son debidas a Alá, Señor del Universo;

الرَّحْمَٰنِ الرَّحِيمِ

« Arrahmani rahime »

El Clemente, el Misericordioso

مَالِكِ يَوْمِ الدِّينِ

« Māliki yawemi dine »

**El Único Maestro "y único juez soberano" del
 Día del Juicio Final**

إِيَّاكَ نَعْبُدُ وَإِيَّاكَ نَسْتَعِينُ

« Iyyāka na-aboudo wa iyyāka nasta-aine »

Sólo a Ti adoramos y sólo de Ti buscamos ayuda.

اهْدِنَا الصِّرَاطَ الْمُسْتَقِيمَ

« Ihdina sirāta almoustaqime »

Guíanos por el buen camino

« صِرَاطَ الَّذِينَ أَنْعَمْتَ عَلَيْهِمْ غَيْرِ الْمَغْضُوبِ عَلَيْهِمْ وَلَا الضَّالِّينَ..امين

« Sirāta lladina ane-ameta alayehime, ghayri almaghdoubi a-alayehime,
 wala dāline ». « Amiiiiine »

**El camino de aquellos a quienes Tú has colmado de Tus gracias, no el camino de
aquellos que han incurrido. Amiiiiine.**

Entonces di:

الله أكبر
« Allāhou akbar »
Alá es Grande

Hazlo como se muestra en la siguiente imagen:

Luego diga tres (3) veces:

سبحان ربي العظيم
''Soubhāna rabiyya al-addime » :
Gloria a mi Señor

<u>**Entonces levántate y di:**</u>

سمع الله لمن حمده

"Sami-a llāhou limane hamidah"

"Alá escucha a los que le alaban

****

<u>**Entonces di:**</u>

ربنا و لك الحمد

« Rabbanā walaka lhamde »

Alabado sea nuestro Alá

الله أكبر
« Allāhou akbar »
Alá es grande

Cuando te postres, repite 3 veces:

سبحان ربي الأعلى
”Soubhāna rabiyya al-alā “
Gloria a mi Señor

<u>**1/ Levanta la cabeza y di:**</u>

الله أكبر

''Allāhou akbar''

Alá es Grande

<u>**2/ A continuación, reza tu oración "Doua" de la siguiente manera:**</u>

اللهم إغفر لي و إرحمني

« Allāhouma ighfir li wa rehamni »

Señor mío, perdóname y ten piedad de mí

<u>**1/ Luego inclinarse lentamente para postrarse y decir:**</u>

الله أكبر

"Allāhou akbar"

Alá es Grande

<u>**2/ Una vez más, al postrarte, di 3 veces:**</u>

سبحان ربي الأعلى

« Soubhāna rabiyya al-alā"

Gloria a mi Señor

<u>**1/ Luego levanta la cabeza y di:**</u>

الله أكبر

"Allāhou akbar"

Alá es Grande

2/ Luego siéntate de rodillas y recita el "tashahhoud" y la "oración de Ibrahimya", moviendo el dedo con la mano derecha:

El "Tashahhoud" y la "oración de Ibrahimya" son como se muestra en la página siguiente:

Oración Tashahhoud e Ibrahimya:

التحيات لله والصلوات والطيبات

« Attahiyātou lillāh wa salawāttou wa tayyibāte »
Saludos, oraciones y buenas acciones a Allah.

، السلام عليك أيها النبي ورحمة الله وبركاته

« Assalāmou a-alayka ayyouha nabiyyou wa rahmatou llāhi wa barakātouh »
Saludos a ti, oh Profeta, y la gracia y bendición de Allah;

السلام علينا وعلى عباد الله الصالحين

« Assalāmou a-alaynā wa a-alā aibādi llāhi sālihine »
Que la salvación sea con nosotros y con los virtuosos siervos de Allah.

أشهد أن لا إله إلا الله وأشهد أن محمدا عبده ورسوله

« Ach hadou anna lā ilāha illa llāh, wa ach hadou anna Mohammadane a-abdouhou
wa rassoulouh. »
**Atestiguo que no hay más dios que Allah, y atestiguo que Muhammad
es su siervo y su Mensajero.**

اللَّهُمَّ صَلِّ علَى مُحَمَّدٍ وعلَى آلِ مُحَمَّدٍ

« Allāhoumma salli a-alā mouhammadiine wa a-alā āli mouhammadiine »
Oh Allâh! Reza por Muhammad y su familia

كما صَلَّيْتَ علَى إبْرَاهِيمَ، وعلَى آلِ إبْرَاهِيمَ

« Kamā sallayeta a-alā ibrāhima wa a-alā āli ibrāhimma »
así como oraste por Ibrahim y la familia de Ibrahim.

اللَّهُمَّ بَارِكْ علَى مُحَمَّدٍ وعلَى آلِ مُحَمَّدٍ

« Allāhoumma bārik a-alā mouhammadine wa a-alā āli mouhammadine »
Y bendijo a Muhammad y a la familia de Muhammad

كما بَارَكْتَ علَى إبْرَاهِيمَ، وعلَى آلِ إبْرَاهِيمَ في العالمين
«Kamā bārakta a-alā ibrāhima wa a-alā āli ibrāhima fi l-alāmina»
así como bendijiste a Ibrahim y a la familia de Ibrahim entre los mundos.

إنَّكَ حَمِيدٌ مَجِيدٌ

« Innaka hamidoune majidoune »
Tú eres el único Digno de Alabanza, El Supremo Glorioso.

<u>**Termina tu oración de la siguiente manera:**</u>

<u>**1/ Girar la cabeza hacia la derecha y decir:**</u>

السلام عليكم و رحمة الله تعالى و بركاته
"Assalāmou a-alaykoume wa rahmatou llāhi ta-ālā wa barakātouhe"
Paz, misericordia y bendiciones de Alá, el Todopoderoso

<u>**2/ Luego gira la cabeza hacia la izquierda y di:**</u>

السلام عليكم و رحمة الله تعالى و بركاته
"Assalāmou a-alaykoume wa rahmatou llāhi ta-ālā wa barakātouhe"
Paz, misericordia y bendiciones de Alá, el Todopoderoso

<u>**Y cuando hayas terminado tu oración, puedes decir tu "Doua".**</u>

<u>**Doua coránica:**</u>

<u>**Aya 109 » : Sura Al-Mouminoun سورة المؤمنون «**</u>

رَبَّنَا آمَنَّا فَاغْفِرْ لَنَا وَارْحَمْنَا
«Rabbanā āmanā fa ghfire lanā wa rehamenā»
Señor, creemos; por eso perdónanos y ten piedad de nosotros

وَأَنْتَ خَيْرُ الرَّاحِمِينَ
« wa aneta khayerou rāhimina »
Porque Tú eres el Más Misericordioso".

2º CAPÍTULO:

ABLUCIÓN SEGÚN EL ISLAM

De la página 49 a la página 62

LA ABLUCIÓN EN EL ISLAM

Por supuesto, si quieres rezar, tienes que mantenerte limpio. Y para estarlo, debes realizar abluciones. "La oración sin ablución no es válida".

La ablución "ALWOUDOU" es un procedimiento islámico para limpiar todo el cuerpo o partes de él. La ablución se realiza normalmente como preparación para las cinco oraciones obligatorias oficiales o antes de manipular y leer el Corán.

Existen tres tipos de ablución:

1 / Ablución parcial: lavado de partes del cuerpo con agua. Este tipo de ablución es un acto para purificar ciertas actividades como la micción, la defecación, la flatulencia, el sueño profundo y el sangrado ligero. Esta ablución se realiza todos los días.

2 / Ablución seca: "Attayamoume": sustitución del agua por piedra o arena cuando no hay agua.

3 / Ablución completa: lavado de todo el cuerpo con agua después de mantener relaciones sexuales, dar a luz o menstruar. Comprende los pasos anteriores (1ª ablución), con el añadido de enjuagar también los lados izquierdo y derecho del cuerpo.

En esta parte del libro, le mostraremos cómo puede realizar la ablución parcial paso a paso para practicar correctamente su oración diaria.

Por lo tanto, cuando decidas hacer tu ablución para la oración, comienza siempre con:

بِسْمِ ٱللَّهِ ٱلرَّحْمٰنِ ٱلرَّحِيمِ

« Bismillāhi rahmāni rahime »
En el nombre de Alá, el Clemente, el Misericordioso.

Luego, con agua, comenzamos a lavar ciertas partes del cuerpo de la siguiente manera:

1/ Lávate las manos:

Lávate las manos tres veces, asegurándote de que el agua llega entre los dedos y hasta las muñecas.

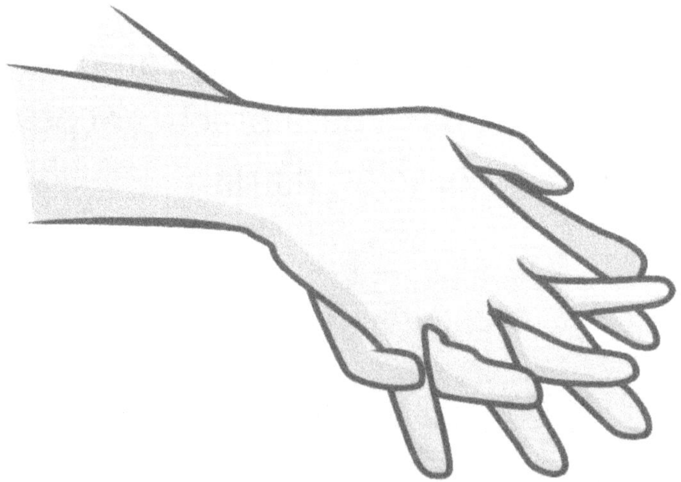

2/ Lávate la boca:

Enjuágate la boca tres veces, llévate un puñado de agua a la boca y enjuágate bien.

3/ Lávate la nariz:

Lávate la nariz tres veces, utilizando la mano derecha para llevarte el agua a la nariz, aspirando el agua y utilizando la mano izquierda para expulsarla.

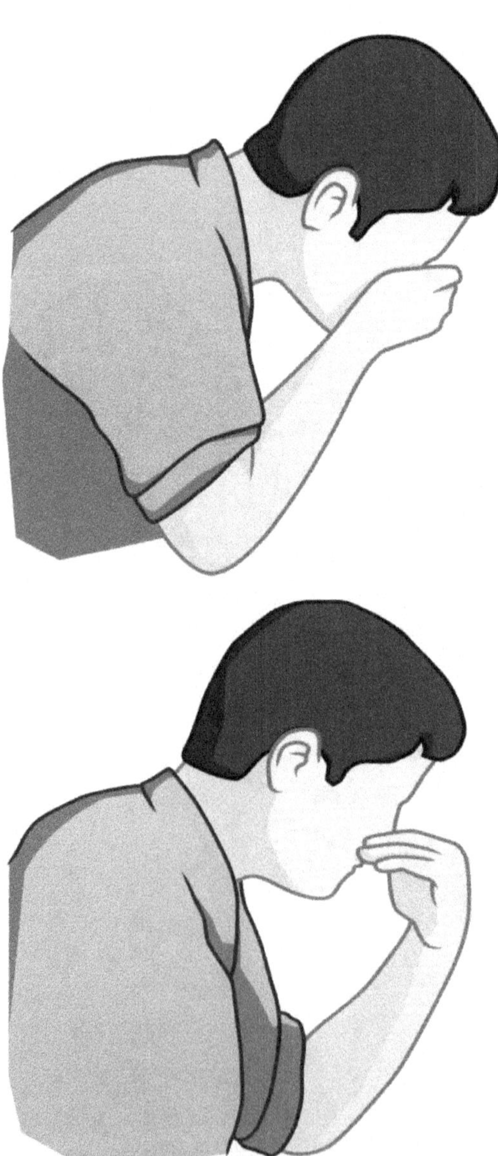

4/ Lávate la cara:

Lávate la cara tres veces, de la frente a la barbilla y de oreja a oreja.

<u>**5/ Lávate los brazos:**</u>

Lava los brazos tres veces, hasta los codos, empezando por el brazo derecho.

<u>**En primer lugar, el brazo derecho.**</u>

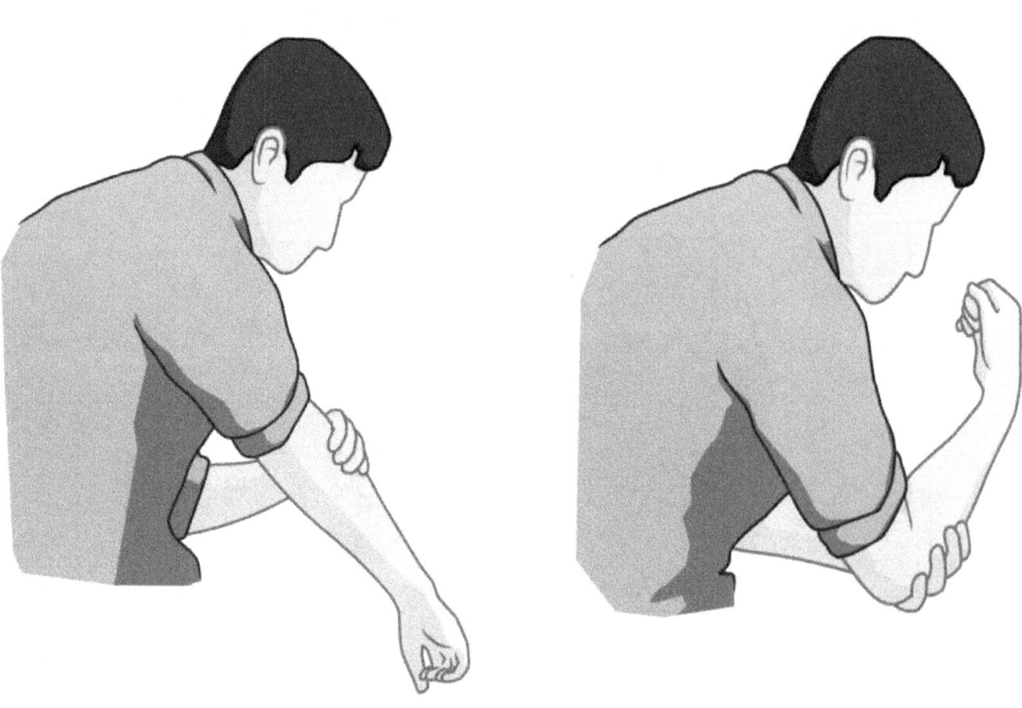

Luego el brazo izquierdo.

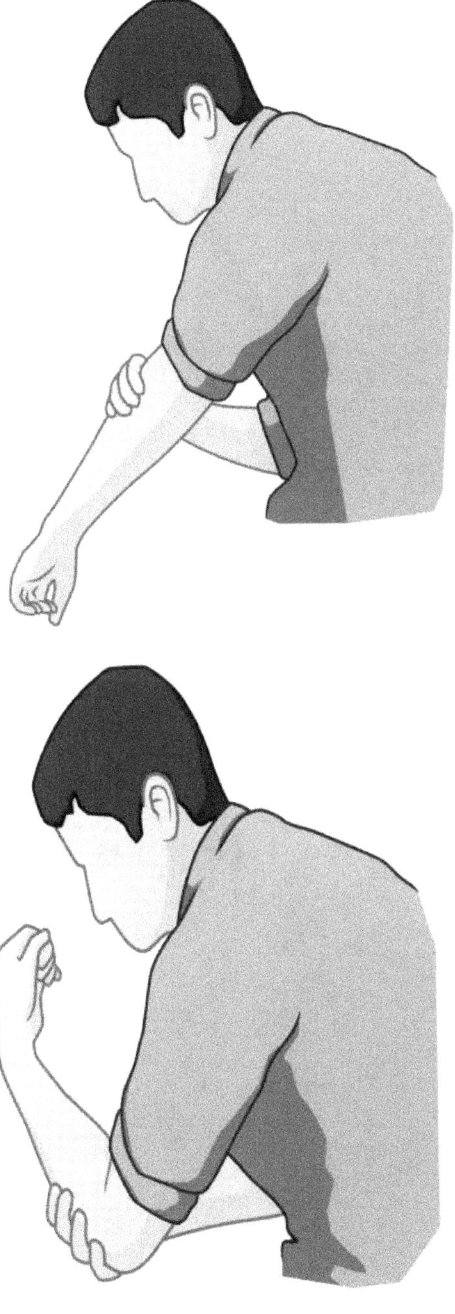

6/ <u>Lavar la cabeza:</u>

Lava la cabeza una vez, utilizando las manos húmedas para limpiar la cabeza de delante hacia atrás y de nuevo hacia delante.

7/ Lávate los oídos:

Lavar las orejas una vez, utilizando los dedos para limpiar el interior y el exterior de las orejas.

<u>**8/ Lávate los pies:**</u>

Lávate los pies tres veces, hasta los tobillos, empezando por el pie derecho.

<u>Así que, primero el pie derecho.</u>

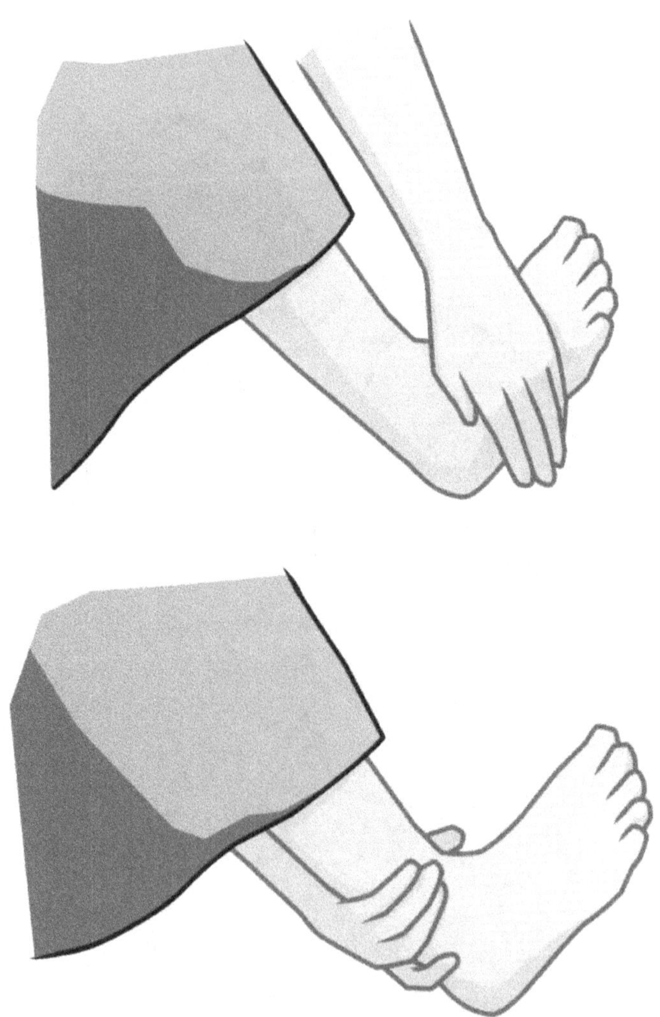

<u>Luego lava el pie izquierdo</u>

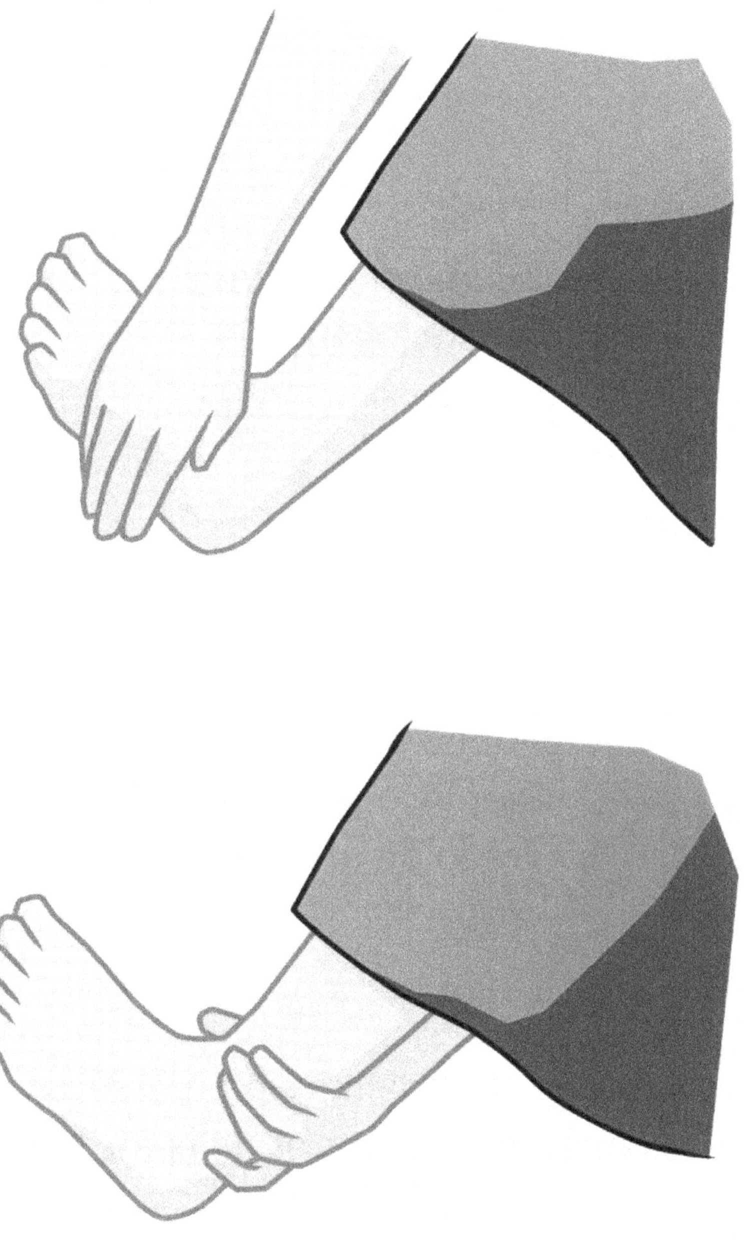

Es muy importante mencionar que antes de cada oración diaria, el musulmán no necesita repetir la ablución "al woudou" si no está rota (anulada).

* * * * *

Y las acciones que pueden romper (cancelar) las abluciones incluyen:

Micción,
Defecación,
Flatulencia,
Sueño profundo,
Caer inconsciente,
Sangrado de una herida.

Por supuesto, después de cada micción o defecación, la parte afectada debe lavarse con agua antes de comenzar la ablución.

Doua coránica:

سوره إبراهيم : Sura Ibrahim « Aya 41 »

رَبَّنَا اغْفِرْ لِي وَلِوَالِدَيَّ

« Rabbanā ighfire li wa liwālidaya »

Señor nuestro, perdóname a mí, a mi padre y a mi madre.

وَلِلْمُؤْمِنِينَ يَوْمَ يَقُومُ الْحِسَابُ

« wa lilmou-minina yawema yaqoumou lhisābou »

y creyentes, en el día del juicio final.

TOUS DOITS SONT RESERVES 2024
TAMOH ART PUBLISHING

الحمد لله رب العالمين

«Alhamdou lillāhi rabbi l-ālamina»

Alabado sea Alá, Señor del Universo

www.ingramcontent.com/pod-product-compliance
Lightning Source LLC
Chambersburg PA
CBHW080639280726
48659CB00025BA/2660